U0100328

大展好書　好書大展
品嘗好書　冠群可期

大展好書　好書大展

品嘗好書　冠群可期

彩色圖解
太極武術
18

32式太極拳

〈4段〉

宗維潔
李德印

演述

大展出版社有限公司

國家圖書館出版品預行編目資料

32式太極拳 / 宗維潔、李德印 演述
－初版－臺北市：大展 ， 2005【民94】
面 ； 21 公分 － （彩色圖解太極武術；18）
ISBN 957- 468-379-6 （平裝）

1. 太極拳

528.972　　　　　　　　　94004053

北京體育大學出版社授權中文繁體字版

32式太極拳

ISBN 957-468-379-6

演　　述 / 宗維潔、李德印
責任編輯 / 佟　暉
發 行 人 / 蔡森明
出 版 者 / 大展出版社有限公司
社　　址 / 台北市北投區（石牌）致遠一路 2 段 12 巷 1 號
電　　話 /（02）28236031‧28236033‧28233123
傳　　真 /（02）28272069
郵政劃撥 / 01669551
網　　址 / www.dah-jaan.com.tw
E - mail / service@dah-jaan.com.tw
登 記 證 / 局版臺業字第 2171 號
承 印 者 / 弼聖彩色印刷有限公司
裝　　訂 / 建鑫印刷裝釘有限公司
排 版 者 / 順基國際有限公司
初版 1 刷 / 2005 年（民 94 年）5 月

定價 / 220 元

作 者 簡 介

　　宗維潔　北京體育大學武術系講師，吳式太極拳第五代傳人。曾獲：

　　1987年北京市第6屆運動會女子組太極拳冠軍。

　　1988年至1993年連續6年全國女子吳式太極拳冠軍。

　　1990年至1991全國女子楊式太極拳競賽套路亞軍。

　　自1990年多次獲得中日太極拳交流比賽女子吳式太極拳冠軍。

　　1969年出生，12歲跟隨形意拳名家駱大成老師學習形意拳。跟隨吳式太極拳名家、中華武林百傑之一、吳式太極拳第四代傳人李秉慈老師學習傳統吳式太極拳、太極劍以及吳式太極拳競賽套路。跟隨形意、八卦名家王世祥老師學習形意拳、八卦掌。跟隨形意、八卦名家劉敬儒老師學習八卦掌。

　　1989年考入北京體育學院（現北京體育大學），跟隨張文廣老師、門惠豐老師、闞桂香老師學習楊式、陳式、孫式、武式太極拳，42式太極拳、42式太極劍及戳腳等套路。

　　1990年，跟隨門惠豐老師（應日本前總理大臣羽田孜先生的邀請）參加了全日本太極拳交流大會的裁判、表演，以及針對太極拳教練員的講學交流活動。自此至今十幾年來，每年應日本前總理大臣羽田孜先生的邀請，參加了全日本太極拳交流大會的裁判、表演及太極拳的講學交流活動。

1993年，由北京體育學院畢業留校任教。擔任過留學生太極拳班、本科生的各項專項教學工作。

　　1996年，出版了由李秉慈老師講解、宗維潔示範的《傳統吳式83式太極拳》、《吳式45式太極拳競賽套路》錄影帶及光碟。

　　1997年，由北京體育大學出版社出版了《吳式45式太極拳競賽套路教與學》錄影帶及光碟，並在中央電視臺ＣＣＴＶ5頻道播出進行教學。

　　2003年，由北京體育大學出版社出版了《吳式太極拳》、《楊式太極拳》兩書。

　　2003年，與李德印老師合作，由北京電視臺《聞雞起舞》節目群組錄製了段位制教材《16式太極拳》、《16式太極劍》以及《32太極拳》。

32式太極拳

中國武術段位制，是國家體育總局武術研究院和國家體育總局武術運動管理中心，本著振奮民族精神，增強人民體質，進一步推動武術運動的發展，建立規範的全民武術鍛鍊體系，全面評價習武者的武術水準，而制定的一項全民武術鍛鍊的等級制度。

中國武術段位制規定：根據個人從事武術鍛鍊和武術活動的年限、掌握武術技術和理論的水準、研究成果、武德修養，以及對武術發展所做出的貢獻，將武術段位定為「九段」即：

初段位：「一段」、「二段」、「三段」
中段位：「四段」、「五段」、「六段」
高段位：「七段」、「八段」、「九段」

本書所演述的即是中國武術段位制太極拳「四段」的規定套路。

全套３２個動作，內容精煉，動作柔和均勻，姿勢中正平穩，老幼咸宜，人人可練，易於推廣，突出了太極拳的健身性和群眾性。

預備勢

兩腳併攏，身體自然直立，頭頸端正，下頦內收，胸腹舒鬆，肩臂鬆垂，兩手輕貼大腿外側。精神集中，呼吸自然，目平視前方（圖1）。

【動作要點】

心靜體鬆，立身中正；頭頸豎直，舒胸收臀；兩膝自然，周身舒鬆。

【易犯錯誤】

1.頭頸鬆軟，下頦前探。2.凸腹塌腰，挺胸挺膝。

糾正：找準鬆正感覺，避免緊張和鬆軟兩種傾向。

第一段

（一）起　勢

1.左腳向左慢慢開步，兩腳相距同肩寬，腳尖向前（圖2）。

2.兩手臂慢慢向前平舉，高與肩平、與肩同寬，手心向下。目平視前方（圖3）。

3.兩腿屈膝下蹲；同時兩掌輕輕下按至腹前，肘膝相對。目下視兩手方向（圖4）。

【動作要點】

左腳開步時，重心先移向右腿，左腳跟先離地，隨之前腳掌再離地面，輕輕提起全腳，高不過右踝；開步落腳時，前腳掌先著地，隨之全腳掌踏實，重心落於兩腳之間。這種重心轉換的步法，體現了太極拳運動「輕起輕落，點起點落」的重要步法規律。兩手臂前平舉時，手起肘隨將臂舉起，肘關節微屈，保持沉肩垂肘的要領，不要掀肘聳肩；屈蹲向下按掌時，兩掌要隨屈膝主動向下按落，上下協同一致。掌下按到終點（腹前）定勢時，須舒指展掌，不要坐腕向上翹指。身體下蹲時，上體保持正直，不要突肚突臀前俯後仰或向前跪膝。

【易犯錯誤】

1.左腳向左開步時，上體先向右，然後再向左晃動；左腳落地時，兩腳不在同一條橫線上；左腳尖易向左撇，形成八字腳站立。糾正：左腳開步時，右腿微屈，將重心移向右腿，左腳的腳跟至腳前掌依次輕輕提起。左腳向左開步時，注意兩腳尖在同一條橫線上；左腳落地時，注意腳跟稍微外展，兩腳平行；落地後，左腳腳掌跟依次踏實，重心平移至兩腿之間。

2.兩手臂向前平舉時，容易形成一高一低，向下按時，兩腿屈膝過快，兩手下沒有下按意識。糾正：兩手向前平舉時，注意沉肩墜肘，手臂內旋向前平舉，兩手同時到位，此時意識在手背。當兩掌下按時，隨沉胯屈膝，兩掌下按至腹前，與屈膝同時完成，同時舒指展掌，不要坐腕翹指，意識在掌心。

3.上體前俯或低仰。糾正：屈腿落胯，收髖斂臀，使上體端正坐在腿上。不可挺髖實臀。

（二）右攬雀尾

1.上體微右轉；右臂上抬，屈於右胸前，手心向下。左手外旋，向右劃弧至右腹前，手心翻向上，與右手心相對如抱球狀。重心移至右腿，左腳收於右腳內側。目視右手（圖5）。

2.上體微左轉，左腳向左前方上步，腳跟輕輕落地；隨之兩手微合前送（圖6）。

3.上體繼續左轉，重心前移成左弓步；同時左臂向前掤出，左手與胸高，手心向內，指尖向右。右手向下，落於右胯旁，手心向下，指尖向前，兩臂微屈。目視左前臂方向（圖7）。

4.重心移向右腿並屈蹲，上體微右轉，左腳稍內扣，接著重心移至左腿並屈蹲，右腳收於左腳內側；同時，左臂內旋，屈於左胸前，左掌翻向下，與胸同高，指尖向右；右臂外旋，右掌向左劃弧至左腹前，掌心向上，指尖向左，兩掌相對如抱球狀。目視左掌（圖8、圖9）。

5.上體微右轉，右腳向右前方輕輕上步，腳跟著地；隨之兩手微合前送（圖10）。

6.上體繼續右轉，重心前移成右弓步；右臂向前掤出，臂微屈，掌心向內，高與胸平；左掌向左、向下落於胯旁，掌心向下。目視右前臂方向（圖11）。

7.上體微右轉；右掌前伸，掌心轉向下，左掌同時翻向上，伸至右前臂左下方。目視右手方向（圖12）。

8.重心移向左腿並屈蹲，上體微左轉；兩掌向下後捋至腹前。目隨視右掌（圖13）。

9.上體右轉；右臂外旋，屈肘橫於胸前，右掌心向內，指尖向左；左臂內旋，左掌心轉向外，掌指附於右腕內側（圖14）。

10.重心前移成右弓步；兩掌同時向前擠出，兩臂撐圓。目視前方（圖15）。

11.重心後移向左腿，並屈蹲，上體微右轉，右腳尖上翹；右臂外旋，右掌心翻向上，自前向右、向後屈肘劃平弧至右肩前，左掌仍附於右腕內側，隨之劃弧。目隨視右掌（圖16）。

12.身體左轉，右腳尖內扣；右前臂內旋，右掌向左劃平弧，立掌於右肩前，左掌隨之翻轉向內。目隨視右掌（圖17）。

13.上體微右轉，重心移向右腿並屈蹲，左腳收至右腳內側，腳尖著地成丁步；右掌向右前按出，腕高與肩平，掌心向外，左掌指仍隨之附於右腕。目視右掌方向（圖18）。

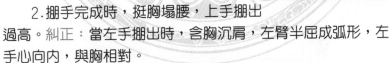

【動作要點】

該動作分動較多，1至13分動要連貫，一氣呵成；以腰為主宰帶動四肢運動比較突出，輕微轉腰轉體次數多，因此要特別注意斂臀、尾閭中正、虛領頂勁的要求；轉體移動重心時不要左右突胯擺臀。

【易犯錯誤】

1.當重心移至右腿後，右胯易向外突出。糾正：當變換重心時，上體立身斂臀，微向右轉體。

2.掤手完成時，挺胸塌腰，上手掤出過高。糾正：當左手掤出時，含胸沉肩，左臂半屈成弧形，左手心向內，與胸相對。

3.當重心後移時易出現突臀塌腰，上體前傾。糾正：重心後移時，後腿要屈膝斂臀，同時轉腰立身，含胸靠背，將重心移向後腿。

4.步法移動時，提腳蹬地，落腳沉重，身體搖晃不穩。糾正：加強樁步訓練，提高下肢支撐力，步法移動時先移重心，再輕輕提腿；邁腳落地時要坐好重心，不要邁步過大過急。

5.将手時，腰不轉動，兩臂直将至腹前。糾正：當兩臂回将時，腰向左轉，兩臂隨腰的轉動而向左下方回将。

6.當兩臂前擠時，上體易挺胸塌腰；或上體側傾向前擠靠。糾正：兩臂提收於胸前時，含胸拔背，斂臀立腰，轉向前方，再弓腿催胯向前擠出。

7.右按掌時，左腳不點地；塌腰挺胸俯身。糾正：右按掌時，左腳收至右腳內側，腳前掌點地成丁步；同時，斂臀豎脊，含胸靠背，頂頭沉肩。

19

（三）左單鞭

1.身體左轉，左腳向左上步，腳跟著地；右掌變勾，左掌向左劃弧於面前，掌指斜向上。目視左掌（圖19）。

2.上體繼續左轉，重心移向左腿成左弓步；左前臂內旋，左掌翻轉向前推出，掌心向前，腕同肩高。目視左掌方向（圖20）。

【動作要點】

右掌變勾與轉體上步要協同一致；單鞭定勢要保持上體中正，鬆腰，右臂肘微屈稍下垂，左肘與左膝上下相對，兩肩下沉。左手向外翻掌前推時，要隨轉體邊翻邊推出，不要翻掌太快或最後突然翻掌。

20

【易犯錯誤】

1. 左腳開步後，落腳沉重，重心直接過渡至前腿。
糾正：落腳時，重心不要急於壓到前腿，而是坐於後腿。左腳跟著落地後再鬆胯蹬展右腿，使重心過渡向前腿。

2. 勾手太快，右臂僵直；左掌翻掌太快，向前直推。
糾正：右手變勾手時肩肘鬆沉，與提左腳一致；左掌隨轉體，邊轉邊翻向前弧線推出。

3. 定勢後上體緊張歪扭，兩腳交叉或踩在一條直線上。
糾正：左腳隨轉體向東偏北方向邁出。弓步時兩腳應保持10～20公分的橫向跨度。

（四）左琵琶勢

1. 重心前移至左腿，右腳跟進半步至左腳右後側，腳前掌著地；同時上體微左轉，左掌向下、向後劃弧至左胯旁，掌心向下，右勾變掌隨轉體向前、向左手擺至體前，掌心斜向上。目視右掌方向（圖21）。

2. 重心後移向右腿，右腳踏實，左腳稍向前邁步，腳跟著地，左膝微屈，成左虛步。同時上體微右轉，左掌由左弧形向前挑舉至體前，掌指斜向前上方，指尖同鼻高，掌心向右，左臂微屈；右掌回收至左肘內下方，掌心向左，掌指稍向前上方，右臂微屈。目視左掌方向（圖22）。

【動作要點】

動作過程中，跟步和向前邁步，身體要平穩，不要有起伏現象。定勢時，要斂臀坐胯，上體中正，不要前俯或後仰；兩手臂用意內合，但不要用拙力，兩腋要虛空，不要挾肘；要肘和膝相對，手尖、腳尖、鼻尖相對。

【易犯錯誤】

1.跟步時，重心上下起伏。糾正：跟步時，左腿穩住重心，不要向上蹬起，上體保持平穩正直，斂臀收髖，屈腿跟步。

2.定勢時，挺胯突臀，前腿僵直。糾正：定勢時，斂臀坐胯，收髖屈腿，前腿膝關節微屈。

3.定勢時，兩手太高，沒有內合之意；或兩臂屈收太緊，夾腋夾肘。糾正：左手食指與自己的鼻尖同高，右手在左手肘關節內側，兩臂皆要半屈成弧形，兩腋要留有空虛感覺。

23

（五）進步搬攔捶

1.左腳尖稍外擺，上體微左轉，重心前移；隨之右掌外旋，向上、向前伸出，掌心向上，左掌內旋向下，向右攬按，掌心向下，手指附於右前臂上。目視前方（圖23）。

2.上動不停。右腳向前上步，腳尖稍外擺，上體微右轉；隨之左掌外旋，向前伸出，掌心翻向上，右手內旋，向左回摟，掌心翻向下，手指附於左前臂上（圖24）。

3.上動不停。左腳向前上步，腳跟著地，同時上體微右轉；左掌內旋，掌心翻向下，掌橫按於體前，與胸同高，右掌變拳，收於腰間，拳心向上。目視左手方向（圖25）。

4.左腳踏實，重心移向左腿並屈蹲，右腳跟步至左腳右後旁，前腳掌著地，同時上體微左轉；左掌回摟變拳，屈臂於胸前，右拳經左腕上向前打出，拳眼向上，左拳置右前臂下（圖26）。

【動作要點】

1至4分動要連貫，一氣呵成。向前連續上步要平穩，身體不可起伏。意要集中在向前出手上。連續上步與連續出手上下要協同一致。

【易犯錯誤】

1.進步時，只動四肢不動腰。糾正：四肢運動要與腰部旋轉協調配合。

2.重心起伏較大，上下肢動作不協調。糾正：以腰為軸，上步轉腰穿掌同時進行，重心高度保持不變。

3.定勢時，左拳收至右腕下。糾正：定勢時，左拳收至右前臂下。

（六）如封似閉

　　1.重心後移至右腿並屈蹲，右腳踏實，左腳跟抬起；兩拳變掌，手腕相交叉，左掌在外，兩掌心均向裏。目視前方（圖27）。

　　2.左腳提起向前邁步，腳跟著地；同時兩掌分開，收於胸前（與肩同寬），掌心向內，隨即兩前臂內旋，兩掌掌心翻轉向下，按落於腹前。目視前方（圖28、圖29）。

　　3.重心移向左腿，並屈膝成左弓步；同時兩掌向上、向前按出，掌心向前，腕高與肩平。目視前方（圖30）。

【動作要點】

　　向前邁步收掌下按時，要斂臀坐胯，上體保持正直，不要俯身突臀；弓步向前按掌過程中重心要平移，身體不要起伏。

【易犯錯誤】

　　1.當重心移至右腿時，易突臀前俯，低頭彎腰，重心起伏較大。糾正：當後腳腳跟落地時，斂臀立身靠背，右腿屈膝落胯，將重心平移至右腿。

　　2.當兩掌向前按出時，易挺胸塌腰凸腹。糾正：當重心前移時，注意鬆腰鬆胯，屈弓左腿，蹬展右腿，定勢時頂頭、沉肩、立身。

（七）摟膝拗步

　　1.重心稍後移，右腿屈膝，左腳尖上翹稍外擺，同時身體稍左轉，隨之右掌劃弧左擺，左掌劃弧至左胯旁，掌心向下。目視右掌（圖31）。

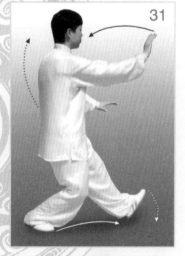

　　2.左腳踏實，重心移至左腿並屈蹲，右腳收至左腳內側，上體右轉；隨之左掌向左、向上劃弧，舉至身體左前方，腕與肩高，掌心斜向上，右手擺至左肋前，掌心斜向下。目視左手（圖32）。

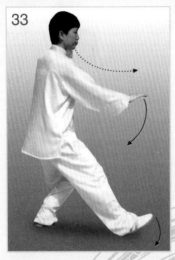

3.上體右轉，右腳向右前上步，腳跟著地；左臂屈肘，左掌收至耳旁，掌心斜向前，右掌向右、向下劃弧摟至腹前，掌心向下，指尖向左。目視右前方（圖33）。

4.重心移向右腿，成右弓步；左掌向前邊推邊坐腕立掌，指尖與鼻同高，同時，右掌由右膝前上摟過，按於右胯旁。目視左掌（圖34）。此為右摟膝拗步定勢。

5.重心後移向左腿並屈膝，右腳尖上翹，稍外擺，同時，身體微右轉；隨之左掌劃弧右擺，右掌稍前展，掌心向左。目視左掌方向（圖35）。

6.上體繼續右轉；隨之右掌劃弧舉至身體右前方，腕高與肩平，掌心斜向上，左掌向上、向右、向下劃弧至右肋前，掌心斜向下，左腳收至右腳內側。目視右手（圖36）。

7.上體左轉，左腳向左前上步，腳跟著地；右臂屈肘，右掌收至耳旁，掌心斜向前，左手向下、向左劃弧摟至腹前。目視左前方（圖37）。

8.重心前移向左腿，成左弓步；右掌向前邊推邊立掌，指尖與鼻同高，左掌由左膝上摟過，按於左胯旁，掌心向下。目視右掌方向（圖38）。此為左摟膝拗步定勢。

【動作要點】

向前推掌時，身體不可前俯後仰，要鬆腰沉胯。重心向前平移時，身體不可起伏。定勢時，要沉肩垂肘，坐腕舒掌，同時與鬆腰沉胯、弓腿，上下協調一致。摟膝拗步成弓步時，兩腳跟的橫向距離約同肩寬；收腳舉掌時，支撐腿力小者，收腳之前腳掌可輕輕著地，否則不可著地。

【易犯錯誤】

1.翹腳外擺時，只擺腳擺手不轉腰；兩手向體側擺動時，聳肩翻肘。糾正：擺腳擺掌時，轉腰舒臂，沉肩墜肘，提頂立身。

2.弓步摟推時，重心起伏，身體波浪前移。糾正：向前弓步時，注意鬆腰沉胯，前腿屈弓，後腿蹬展，保持重心高度不變。

3.定勢時，挺胸塌腰，上體歪扭，兩肩前後擰轉嚴重。糾正：弓步時兩腳要保持適當寬度，做到立身鬆正；推掌定勢時，既有前推之意，又有肩肘下沉、後背後撐之意，兩肩不可擰轉過大。

39

第二段

（八）右單鞭

1.重心移向右腿，右腿屈蹲，右腳外擺，左腳內扣，身體右轉；同時右掌掌心向外，經面前向右弧形運轉至右側，腕同肩高，左掌經腹前（掌心向內）弧形運至右肋前，掌心向後上方。目隨視右掌（圖39、圖40）。

2.重心再移向左腿，左腿屈蹲，上體微左轉；同時左掌向上劃弧於頦前，掌心向裏，右掌向下弧形落於脇旁；接著右腳收至左腳內側，右腳尖點地；同時上體繼續左轉，隨之左掌經面前內旋弧形運轉至左側，掌心翻向外，腕同肩高，指尖向上；右掌向左經腹前弧形運轉至左肋前，掌心向後上方。目隨視左掌（圖41、圖42）。

43

3.上體微右轉，隨之右腳向右上步，腳跟著地；隨轉體左掌變勾，右掌向上弧形運至頦前；接著上體微右轉，重心移向右腿，右腳踏實成右弓步；同時右掌內旋，掌心翻向外，慢慢向前推出，掌心向前，指尖與鼻平齊，臂微屈，左臂微屈，勾尖向下，腕同肩平。目隨視右掌（圖43、圖44）。

44

【動作要點】

與動作（三）「左單鞭」相同。

【易犯錯誤】

1.向左右轉體時，彎腰突臀上體前傾。糾正：當轉體和重心移動時，後腿彎曲，鬆膝沉胯，立身斂臀，重心平穩移轉。

2.兩臂左右劃弧時，只動兩臂不動腰。糾正：以腰的左右轉動帶動上肢運動。

3.定勢時，前後腳在一條直線上。糾正：先轉胯後出步，出步應向轉胯後的右前方落步，兩腳間留有一定的橫向寬度。

（九）右雲手

1.重心移向左腿並屈蹲，右腳內扣，上體左轉；右掌隨轉體向下、向左，經腹前向上劃弧至左肋前，掌心向裏，左勾變掌上展，掌心斜向左前方。目視左掌（圖45）。

2.重心移向右腿並屈蹲，上體右轉，左腳收至右腳內側（相距約10公分），兩腳踏實，重心偏右腿；同時右掌向上，經肩、面前內旋運轉至右側，掌心翻向外，指尖向上，腕同肩高，左掌經腹前弧形運轉至右肋前，掌心向後上方。目隨視右掌（圖46、圖47）。此為第一次向右「雲手」定勢。

3.重心移向左腿，右腳向右開步，同時上體左轉；隨體轉，左掌向上經肩、面前內旋運轉至左側，掌心翻向外，指尖向上，腕同肩高，右掌經腹前弧形運轉至左肋前，掌心向後上方。目隨視左掌（圖48、圖49）。

4.動作同動作2（圖50、圖51）。此為第二次向右「雲手」定勢。

按3和4分動做法，再重複一次，為第三次向右「雲手」定勢（文圖略）。

【動作要點】

向右「雲手」連續做3次。整個動作要均勻、平穩、連貫；轉體以腰為軸，上體保持正直。兩腳要平行向右移動，開步和併步腳要輕提輕落，腳前掌內側先著地。兩掌雲手時，向上掌指高不過鼻，向下掌指低不過小腹，翻掌不可突然。

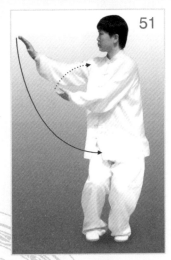

【易犯錯誤】

1.雲手時上體前傾，下頜前探，突臀塌腰。糾正：屈腿沉胯，提頂立身，有意識斂臀豎頸。

2.雲手時，兩臂左右擺動與轉腰脫節；兩掌翻轉與擺臂脫節。糾正：雲手時，以腰帶臂，兩手隨之旋臂劃弧。

（十）野馬分鬃

1.重心移向左腿，右腳跟提起，上體微左轉；左前臂內旋上掤，左掌翻轉，掌心向下，掌同左胸高；右掌邊外旋邊向下、向左劃弧至左腹前，掌心翻向上，與左掌心相對，兩手成抱球狀。目視左掌（圖52）。

2.右腿向右前方上步，腳跟先著地，接著重心前移成右弓步；同時上體右轉；左右掌隨轉體分別慢慢向左下右上分開，右手腕高與肩平，掌心斜向上，肘微屈，左掌落於胯旁，肘微屈，手心向下，指尖向前。目視右手方向（圖53、圖54）。此為右野馬分鬃定勢。

3.上體慢慢後坐，身體重心移至左腿並屈膝，右腳尖上翹、外擺約45度，隨後腳慢慢踏實，右腳前弓，身體右轉，重心再移向右腿，左腳隨之收至右腳內側，腳尖點地；同時右掌內旋掌心翻向下，屈肘於右胸前，左掌向右向上劃弧至右腹前，與右掌心相對，兩手成抱球狀。目視右掌（圖55、圖56）。

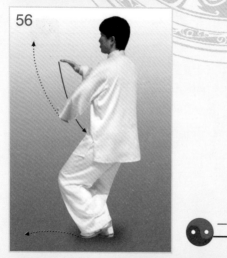

4.動作同2分動,惟左右相反(圖57、圖58)。此為左野馬分鬃定勢。

【動作要點】

動作過程中,上體不可前俯後仰,胸部必須寬鬆舒展。兩臂分開時要保持弧形。身體轉動時要以腰為軸。弓步動作與分手的速度要均勻一致。弓步兩腳跟橫向距離約同肩寬。

【易犯錯誤】

1.只分手不轉腰,挺胸撅胯。糾正:以腰帶臂,腰轉的同時分開兩臂,並且鬆腰轉胯,立身中正。

2.與攬雀尾的掤手混淆不分。糾正:分掌動作,斜向前上方,定勢後前臂腕關節與肩平,掌心斜向上,四指與鼻尖前後相對。

3.定勢時,挺胸塌腰。糾正:含胸沉肩,鬆腰沉胯,氣沉丹田,保持身體舒鬆自然。

（十一）海底針

1.重心全部移至左腿,右腳跟進半步至左腳右後側,右腳前腳掌著地,同時上體微左轉;左掌內旋,掌心翻向下並稍下落,右掌上提至右腰前,掌心向裏,指尖斜向下。目視左掌。(圖59)

2.重心後移至右腿，右腳踏實，左腳跟提起，上體微右轉；右掌弧形提至耳側，左掌向右、向下劃弧橫至腹。目視左掌方向（圖60）。

3.左腳向前稍移步，前腳掌著地成左虛步，重心下沉於右腿，盡力屈膝坐胯，同時上體微左轉；左掌向下，弧形往左膝前上方摟至左胯旁，掌心向下，指尖向前，右掌由耳側斜向前下方插出，掌心向左，指尖斜向下。目視右掌（圖61）。

【動作要點】

動作過程有向左、向右、再向左3次微轉身。完成姿勢，胸向正西，上體不可太前傾，避免低頭和臀部外凸。左腿要屈。

【易犯錯誤】

1.右手下插掌做成下劈掌。糾正：右臂向前下方伸展，力點放在指尖。

2.定勢時，身體貓腰縮頭。糾正：上體前傾不可過大，同時要保持頂頭豎脊，立腰拔背。

（十二）閃通臂

上體微右轉，左提是起向前上步，腳跟著地，而後左腿屈膝前弓成左弓步；同時右手由體前上提，屈臂上舉，停於右額前上方，掌心翻斜向上，拇指向下；左手上起，經胸前向前推出與鼻同高，掌心向前。目視左手（圖62、圖63、圖64）。

【動作要點】

完成姿勢上體自然正直，鬆腰、鬆胯；臂均要微屈，胸、背部要舒展。推掌、舉掌和弓腿動作要協調一致。弓步時，兩腳跟橫向距離不超過10公分。

【易犯錯誤】

1.左腳向前上步時落腳沉重，上體後仰。糾正：立身鬆腰沉胯，右腿支撐重心。

2.定勢時，肩胯歪斜，上體側傾。糾正：弓步方向朝前，不要做成側弓步。

（十三）右攬雀尾

1.上體後坐並向左轉，重心移向右腿，左腳尖外擺；兩掌舉於胸前，掌心均向下；接著左腳踏實，重心移至左腿並屈蹲，右腳收至左腳內側；同時兩臂微屈，兩手左上右下在左體前相合，成抱球狀。目視左掌（圖65、圖66）。

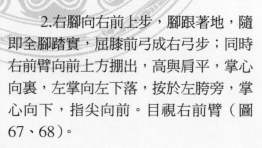

2.右腳向右前上步，腳跟著地，隨即全腳踏實，屈膝前弓成右弓步；同時右前臂向前上方掤出，高與肩平，掌心向裏，左掌向左下落，按於左胯旁，掌心向下，指尖向前。目視右前臂（圖67、68）。

3.上體微右轉；右掌向前伸並翻掌，掌心向前下，左掌外旋，掌心轉向上，經腹前向上、向前伸至右前臂左下方。目視右掌（圖69）。

4.上體後坐，重心移至左腿並屈蹲，上體左轉；同時兩掌隨體轉下将，經腹前弧形向左後将，左掌舉至身體左前方，腕高與肩平，掌心斜向上，右掌舉至左胸前，掌心向後上方。目隨視左掌（圖70）。

5.上體右轉，重心前移成右弓步；左臂屈肘，左掌向前搭附於右腕內側，兩手同時慢慢向前擠出，高與肩平，右掌心向裏，左掌心向外（前），兩臂圓撐。目視右腕（圖71、圖72）。

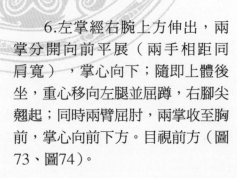

6.左掌經右腕上方伸出，兩掌分開向前平展（兩手相距同肩寬），掌心向下；隨即上體後坐，重心移向左腿並屈蹲，右腳尖翹起；同時兩臂屈肘，兩掌收至胸前，掌心向前下方。目視前方（圖73、圖74）。

7.重心前移成右弓步；兩掌下落，經腹前向前、向上按出，兩臂微屈，兩腕同肩平；目視兩掌方向（圖75、圖76）。

【動作要點】

此「攬雀尾」動作由掤、捋、擠、按四種技法群組成。2分動為「掤」，兩臂前後均保持弧形。「掤」按分手、弓步、沉胯、鬆腰必須協調一致；3、4分動為「捋」，做捋法動作時，上體保持中正，不可前傾後仰或呈凸臀，兩手臂動作要隨腰的轉動而運轉，右腳全腳掌要踏著地；5分動為「擠」，向前擠時，上體要中正，鬆腰、斂臀，弓步要協調一致；6、7分動為「按」，過程中身體有後坐前弓的動作，容易出前俯、後仰、撅臀、起伏現象，所以更要注重斂臀、鬆腰、沉胯，上體中正。

【易犯錯誤】

1.向前掤手時，手臂過直。糾正：肘關節半屈，前臂成弧形，向前掤出，力點在前臂外側。

2.收掌下落時，低頭貓腰，上體前傾。糾正：屈腿落胯，立身頂頭，眼向前平視。

其他錯誤及糾正同（二）右攬雀尾。

第三段

（十四）轉體撇身捶

1.重心移向左腿並屈蹲，身體左轉，右腳內扣，左腳稍外擺；同時左掌擺至身體左側，兩掌左右平舉於身體兩側，肘微屈。目視左掌（圖77）。

2.重心移至右腿並屈蹲，左腳收至右腳內側；左手握拳，向下、向右劃弧落於腹前，拳心向裏，拳眼向右，右拳向左、向下經體前劃弧落於左前臂上。目視前下方（圖78）。

3.左腳向左後方撇步，腳跟先著地，逐漸全腳掌著地，上體左轉，重心移向左腿成左弓步；左拳翻轉向上撇打，拳心斜向上，右掌指附於左前臂上。目視左掌（圖79）。

【動作要點】

撇捶以肩關節為軸，臂微屈，劃大弧撇拳打出；成弓步與轉腰撇捶要協調一致。

【易犯錯誤】

定勢時，右胯外翻，上體歪扭。糾正：左腳上步與上體左轉協調配合，成弓步時兩腳要有適當寬度，不可兩腳交叉。

（十五）捋擠勢

1.重心稍後移，左腳稍內扣，上體微右轉；左拳變掌，右掌向右劃一小平弧，隨即收於左前臂內側（圖80）。

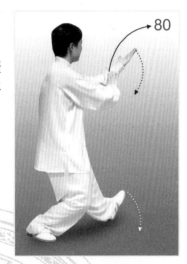

2.重心前移成左弓步，上體繼續右轉；右掌經左掌上方由左向右前方劃弧平抹，掌心斜向下，左掌落於右肘內側下方，掌心斜向上。目視右掌。（圖81）

3.兩掌同時向下、向後捋，左掌捋至左胯前，右掌捋至腹前；右腳收至左腳內側。目視右前方（圖82）。

4.右腳向右前方上步，腳跟著地；同時左前臂內旋，右前臂外旋，兩手翻轉，屈臂上掤至胸前，右拳心向裏，左掌附於右腕內側，掌心向前。目視前方（圖83）。

5.重心前移，成右弓步；兩臂同時向前擠出，兩臂撐圓，高與肩平。目視前方（圖84）。此為「右捋擠勢」定勢。

6.重心後移，右腳稍內扣，上體左轉；右掌翻轉，向上前伸，左掌向左劃一小平弧，隨即收於右前臂內側（圖85）。

7.重心前移，成右弓步，上體繼續左轉；左掌經右掌上方由右向左前方劃弧平抹，掌心斜向下，右掌落於左肘內側下方，掌心斜向上。目視左掌方向（圖86）。

8.兩掌同時向下、向後捋，右掌捋至右胯旁，左掌捋至腹前；左腳收至右腳內側。目視左前方（圖87）。

9.左腳向左前方上步，腳跟著地；同時右前臂內旋，左前臂外旋，兩手翻轉，屈臂上捧於胸前，左掌心向裏，右掌指附於左腕內側。目視前方。（圖88）

89

10.重心前移成左弓步；兩臂同時向前擠出，兩臂撐圓，高與肩平。目視前方（圖89）。此為"左将擠勢"定勢。

【動作要點】

該動作由抹、将、擠手法群組成。腳步、身法，前進後退、左視右視，動作都比較細微。在動作運轉中既要連貫圓活、上下協調，又要手法清晰。如「抹掌」是手劃一大斜弧，之前需在胸前先劃一小平弧，這樣大中小、小而大的手法體現了動作的細微，需要意念集中，身法協調配合。

【易犯錯誤】

1.由撇身捶重心後移時，重心起伏，肩和胯有歪斜現象。糾正：重心向後移動時，右腿要屈膝沉胯斂臀，立身向後倚靠。

2.穿抹掌和後将前擠時只動手臂不轉腰，重心高度有起伏。糾正：以腰為軸向右（左）縱軸轉動帶動兩掌穿抹和将擠。将擠時，穩住重心，不要向上蹬展膝和髖關節。

3.向前擠時，兩臂過屈，沒有向前打擠之意。糾正：向前擠時，氣沉丹田，頂頭沉肩，立身收臀，兩臂撐圓，將意念和力點置於前臂外側。

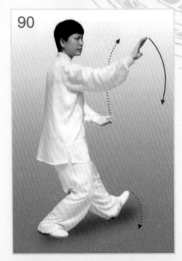

90

（十六）右拍腳

1.上體後坐，左腳尖上翹，稍內扣，接著重心移至左腿，左腳踏實，右腳跟抬起，同時上體先微右轉，再微左轉；右掌向下劃弧舉腹前，左掌向下向裏、再向左上劃弧舉至頭左前方。目視前方（圖90、圖91）。

2.上動不停。兩手腕在胸前上下相搭，兩掌心均向後上方；同時左腿蹬直，右腿屈膝提起，腳尖下垂。目視右前方（圖92）。

3.右腿由屈到伸，右腳繃腳面，向右前上方踢至右前方同頭高，右手拍擊右腳面，左掌舉至身體左前方，與頭同高。目視右腳方向（圖93）。

【動作要點】

踢腿要慢，擊拍要準確，單腿站立要穩固；上體保持正直，不要俯身或後仰。

【易犯錯誤】

擊拍時，低頭彎腰，上體團縮。糾正：提高柔韌性，力爭擊拍時提頂豎項，立身中正，鬆肩垂肘。

（十七）左分腳

1.右腿由屈而伸，右腳下落至右前方，腳跟著地；同時右臂下落與肩平，右掌心翻向上，左掌向下，弧形收落至腹前，掌心向下。目視右掌（圖94）。

2.重心移向右腿，右腳踏實成右弓步，上體微左轉；同時左掌從右前臂上穿出，向左劃弧抹掌至胸前，右掌向左、向下、向右劃弧於右腹前。目視左掌（圖95）。

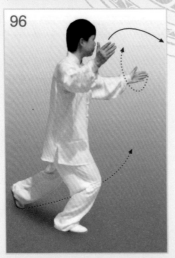

3.上動不停。上體微右轉；右掌向右、向上劃弧至側平舉，左掌向前下落；接著上體微左轉，右拳從上、左掌從下劃弧至胸前，兩腕相搭，右腕在裏，左腕在外，掌心均向裏；同時左腿屈膝提起，腳尖下垂。目視左前方（圖96、圖97）。

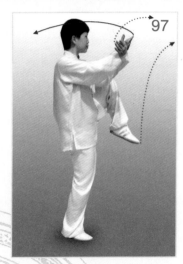

4.左腳腳面展平，腳尖向左前方慢慢踢出，高過腰部；兩掌同時向右和左前方劃弧分開，掌心均向外，指尖向上，腕與高平，兩臂撐舉，肘關節微屈，左臂與左腿上下相對。目視左掌（圖98）。

【動作要點】

單腿獨立分腳，身體要穩定，不可前俯後仰。兩手分開時，腕部與肩齊平。分掌和分腳須協調一致。

【易犯錯誤】

分腳時，上體後仰，兩手一高一低，兩臂過直。糾正：提高下肢柔韌性和控制力，逐步做到分腳時從容自然。上體鬆正。不要勉強求高，緊張用力。

（十八）右蹬腳

1.左腿屈膝，左腳下落於右腳內側踏實，身體左轉，重心移至左腿，右腳跟提起；同時兩掌變拳，向下弧形合於腹前，兩腕相搭，左上右下，拳心均向上。目視前方（圖99）。

2.右腿屈膝提起，腳尖上勾向前發力蹬出，力達腳跟，借反彈力迅速屈膝；同時兩拳向前、向上、向側，迅速展臂彈抖，力點在拳指，左拳高於肩，右拳低於肩，右掌與右腳上下相對。目視右腳方向（圖100）。

【動作要點】

發力蹬腿和兩拳彈抖要協調一致。蹬腿、彈拳發力後要隨即將勁鬆開，即為「鬆彈勁」，不可僵硬。

【易犯錯誤】

1.兩臂彈抖時，手臂僵硬。糾正：兩臂不要用蠻力，而是以肘領先，甩小臂，彈拳背，鬆活抖彈，力達於拳背。

2.蹬腿時，上體左傾。糾正：加強下肢柔韌性和支撐力，力爭蹬腿時胯要展，肩要平，立身要正。

（十九）進步栽捶

1.右腿由屈而伸，右腳前落，腳跟著地，腳尖稍外擺，接著上體右轉，重心移至右腿並屈膝，左腳收至右腳內側（腳尖不可點地）；同時右拳變掌，向下、向右、向上劃弧右前上舉，腕與肩同高，掌心斜向上，右臂微屈，左拳變掌，向右經面前向下劃弧至右肋前，掌心斜向下。目視右掌。（圖101、圖102）

2.上體左轉，左腳向左上步，腳跟著地；同時左掌向下、向左弧形落至腹前，掌心向下，指尖向右；右臂屈肘，右掌變拳收於耳側，拳心斜向上。目視左前方（圖103）。

3.重心移向左腿成左弓步，上體左轉；左掌經左膝前上方摟至左膝外側上方，掌心向下，指尖向前；右拳向前下方栽出，拳同腹高，力達拳面。目視右拳（圖104）。

【動作要點】
栽捶與弓步要同時完成；定勢時，上體不可前傾、低頭；要鬆腰沉胯。

【易犯錯誤】
1.右腳前落時，沉重砸地。
糾正：左腿屈膝沉胯，重心下降，右腳屈收，待重心穩定後再向前邁出。
2.上下肢動作不協調，定勢時，上體過於前傾。
糾正：在重心前移時，上下肢要隨轉腰交叉擺動。定勢時，頂頭豎脊，上體不要過於前傾。

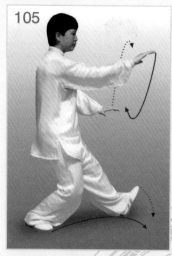

（二十）右左穿梭

1.重心後移向右腿並屈膝，左腳尖翹起稍外擺，上體微左轉；左拳變掌，微上舉，掌與肩平，左掌稍外展。（圖105）

2.重心移至左腿，左腳踏實，右腳收至左腳內側，上體微右轉；左掌向上、向右劃弧至左胸前，右掌向下、向左劃弧至左腹前，掌心翻向上，與左掌相對，兩手成抱球狀。目視左掌。（圖106）

3.右腳向右前上步，腳跟先著地，隨之重心前移成右弓步，上體右轉；同時，右掌向上架於右額上方，掌心斜向上，左掌下落，經腹前向前立掌推出，掌心向前，指尖同鼻平齊。目視左掌方向（圖107、圖108）。此為右穿梭定勢。

4.上體後坐，重心移向左腿並屈膝，右腳尖上翹，稍內扣，上體微左轉；兩掌下落，左掌與左胸高，右掌與右肩平（圖109）。

5.重心移至右腿並屈蹲，右腳踏實，上體微右轉，左腳收至右腳內側；兩掌弧形收落於右體前，右掌同胸高，掌心向下，左掌同腹高，掌心翻向上成抱球狀。目視右掌（圖110）。

6.左腳向左上步,腳跟先著地,隨之重心前移成左弓步,上體左轉;同時左掌向上架於左額上方,掌心斜向上,右掌下落,經腹前向前立掌推出,掌心向前,指尖同鼻高。目視右掌方向(圖111、圖112)。此為左穿梭定勢。

【動作要點】

上體保持自然中正;掌上架時,不要聳肩抬肘;推掌動作要與鬆腰、沉胯、弓腿協同一致。

【易犯錯誤】

1.當栽錘變右穿梭重心後移時,右胯支起,上體歪斜。糾正:當重心後移時,右腿屈膝,立腰斂臀,背向後靠,重心後移。

2.穿梭定勢,上體歪斜,聳肩縮脖。糾正:架掌時,沉肩墜肘,上體保持中正;推掌時,轉腰順肩,身體沿縱軸轉動;定勢時,弓步應保持30公分左右的寬度。

(二十一)肘底捶

1.上體後坐,重心移至右腿並屈蹲,左腳尖上翹稍內扣,上體微右轉;左掌下落與肩平,掌心翻向上,右掌弧形收至右腰前,掌心向下。目視左掌方向(圖113)。

2.左腳向後撤步，重心慢慢移至左腿並屈蹲，右腳尖上翹，右腿微屈；同時右掌收回腰間，掌心翻向上，再立掌向前上劈出至面前，掌心向左，指尖斜向上，同鼻高，右臂微屈，左掌變拳，經右前臂下弧形收落至右肘下，拳眼（虎口）斜向上。目視右掌方向（圖114、圖115）。

【動作要點】

左腳後撤並重心移至左腿，成肘底捶定勢時，右腳可以向前或向後移動，來調整步法。要斂臀、鬆腰、沉胯，保持身體中正。

【易犯錯誤】

1.左腳後撤時，上體右傾，左肩上聳。糾正：重心移向右腿時，右腿放鬆，屈蹲，上體右轉，立身中正，待重心穩定後再提腳撤步。

2.定勢時，上體前傾，臀向後突出。糾正：提頂豎項，立身斂臀，左胯內收。

第四段

（二十二）倒捲肱

1.上體微左轉；隨轉體左拳變掌，掌心翻向上，經腹前由下向左上方弧形上舉於體左側，臂微屈，掌心斜向上，腕與肩平，右掌掌心翻向上，微前伸舉，腕與肩平，掌心斜向上。目先視左掌再視右掌（圖116）。

2.上體微右轉，重心移至左腿，右腿屈膝，右腳提起，左臂屈肘，左掌收於耳旁。接著右腳向後撤步，重心移向右腿並屈蹲，左腳以前腳掌為軸碾正成左虛步；左掌向前推出，掌心斜向前，指尖斜向上，腕與肩平，右掌向下弧形收於右腰前，掌心向上。目視左掌（圖117、圖118）。

3.上體微右轉；右掌隨轉體向右、向上弧形平舉，腕與肩平，掌心斜向上，左掌微左前伸舉，腕與左肩平；目先視右掌再視左掌（圖119）。此為左倒捲肱定勢。

4.左腿屈膝提起，左腳後撤步，重心移至左腿屈蹲，右腳以前腳掌為軸碾正，成右虛步，同時身體左轉；隨體轉右掌弧形經右耳旁向前推出，掌心斜向前，腕與肩平，左掌弧形收於左腰前，目視右掌方向（圖120、圖121）。

5.上體繼續微左轉；左掌隨體轉向左、向上弧形平舉，腕與肩平，掌心斜向上，右掌微右前伸舉，腕與肩平。目先視左掌再視右掌（圖122）。此為右倒捲肱定勢。

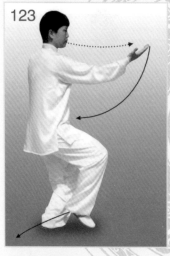

6.動作同2分動（圖123、圖124）。此為左倒捲肱。

【動作要點】

動作要連貫：撤步與推掌協同一致，轉體與舉掌要協同一致。

【易犯錯誤】

1.兩掌展開時，轉胯、扭膝。

糾正：展開兩掌的同時，轉腰沉胯，兩腿的膝關節不動。

2.退步時，前後兩腳易走S型，上身扭動過大。

糾正：左（右）腳後撤時，兩腳不要交叉，應微向左（右）後方落步。

（二十三）右下勢

1.上體右轉，左腳尖內扣，隨轉體左掌弧形向下、向右落至腹前，右掌內旋，兩腕相搭，右腕在上，左腕在下，兩掌掌心均翻向下（圖125）。

2.重心移向左腿並屈膝，右腳收至左腳內側；兩掌捧舉於胸前。（圖126）

3.左腿屈膝全蹲，右腳提起向右仆步；兩掌向上、向體側、向下分落，兩臂微屈，兩掌心朝下，右掌指向右，右腕同腰高，左掌指向左上方，左腕同肩高，目視右手方向（圖127）。

【動作要點】

兩掌臂下落有雄鷹落地展翅之意。仆步時，上體不可過分前傾，要立腰、沉胯。右前臂落於右腿內側上方。

【易犯錯誤】

1.下勢時，突臀彎腰低頭。糾正：在下勢的過程中，提頂立身斂臀，支撐腿彎曲下蹲。

2.定勢時，兩腳掀腳拔跟，側伸腿彎屈。糾正：加強仆步練習，做到左腿全蹲，右腿伸直，兩腳全腳踏實。

（二十四）金雞獨立

左腳蹬地，上體立起，右腿屈膝前弓，重心移向右腿成右弓步；右掌向前上舉；隨即右腿踏直獨立，左腿屈膝提起；同時左掌隨提膝向下、向前撩掌內旋托於左肩前上方，掌心斜向上，指尖斜向後。右掌向下、向後弧形收至右胯旁，掌心向下，指尖向前。目視前方（圖128、129）。

【動作要點】

獨立提膝時，托掌與提膝要同時，肘膝相對，虛領頂勁，立腰，身體中正，左掌上托，右掌下按，兩掌勁上下對稱，保持重心穩定。

【易犯錯誤】

向前弓步時，彎腰抬臀，重心突然蹬起。糾正：在向前弓步時，斂臀立身，右腿屈弓，左腿蹬伸，重心平穩前移上升。

（二十五）左下勢

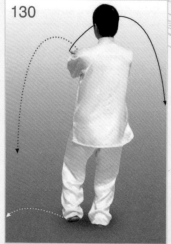

1.左腳下落至右腳內側，腳尖點地，右腳尖外擺，兩腿微屈，重心在右腿；同時兩手腕在胸前相搭，左腕在上，右腕在下，兩掌心均向下。目視兩掌方向（圖130）。

2.右腿全屈蹲，左腿向左仆步；兩掌向上、向體側、向下分落，兩掌心向下，左指向左，左腕同腰高，右掌指向右前方，右腕同肩高。目視左掌方向（圖131）。

【動作要點】
同（二十三）「右下勢」。
【易犯錯誤】
錯誤及糾正同「右下勢」。

（二十六）上步七星

1.右腿蹬起，身體稍立起，重心移向左腿成左弓步；左掌向前上舉，腕同肩高，右掌弧形下落於胯右後側。目視左掌方向（圖132）。

2.身體立起，重心移至左腿，上體左轉，右腳向前上步，腳尖點地成右虛步；同時左掌變拳，外旋屈肘於胸前（拳心向裏），右掌變拳，向下、向前、向上劃弧舉至胸前，在左拳下相搭，兩拳背相貼，右拳心斜向下。目視兩拳方向。
（圖133）

【動作要點】
兩拳在胸前相搭，也可為兩腕相交叉；兩臂要撐圓，有含胸拔背之意。

1.右腳上步成虛步時，上體前俯突臀。糾正：重心落實左腿後，立身斂臀，提收右腿上步成虛步。

2.兩拳在體前交叉時，靠胸過近，兩臂過屈。糾正：兩拳在體前交叉時，沉肩墜肘，兩臂半屈成弧形外撐。

134

（二十七）退步跨虎

1.右腳向後撤一步，重心移於右腿並屈蹲，上體微右轉；兩拳變掌，向下分落，左掌至左胸前，掌心向上，右掌至右腹前，掌心向下。目視左掌（圖134）。

135

2.上體後坐，上體微左轉，左腳活步，腳尖點地；右左兩掌分別上下弧形分開，右掌舉於頭右上方，掌心向外，指尖向左上方，左掌逐漸翻向下，按於左胯側，指尖向前。目視右掌再視前方（圖135）。

【動作要點】

完成動作後，兩肩要平，不可聳肩；胸部要寬鬆，兩掌臂要用意撐。虛領頂勁，斂臀坐胯，上體保持中正。

1.定勢時，右臂上舉過直，右肩上聳。糾正：右臂沉肩墜肘，半屈成弧形上舉。

2.虛步定勢時，兩胯僵挺，左腿過直。糾正：虛步時，鬆膝沉胯，上體端正，左膝微屈，右腿半蹲。

（二十八）轉身擺蓮

1.上體右轉，左腳提起向前落腳扣步；同時左掌向上、向右劃弧於胸前，右掌向下、向左劃弧於腹前，兩掌臂在體前上下相合，掌心均向下。目視左掌（圖136、圖137）。

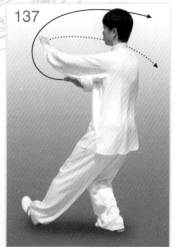

2.以兩腳前腳掌為軸，身體繼續右轉，重心移至左腿並微屈，右腳尖著地，成右高虛步；同時右掌從左前臂下穿過，兩掌均弧形擺舉至身體右前傾，右掌與肩同高，指尖斜向上，掌心斜向下，左掌至右肘前，掌指向右前上方，掌心斜向下。目隨視右掌（圖138）。

3.右腿向左、向上、向前、向右弧形擺起至體前，右腳面展平稍內扣；同時左右掌依次向左在臉前輕輕拍擊右腳面。目視拍腳方向（圖139）。

【動作要點】

轉身擺腿時支撐腳要站穩，緩起輕拍；上體保持正直。

【易犯錯誤】

擺蓮時，上體聳肩縮脖，駝背低頭。糾正：擺腿時，提頂立身，鬆髖擺腿，兩手迎擊腳面。

（二十九）彎弓射虎

1.接上動。左腿微屈站穩。上體右轉，右腿屈膝下落，右腳向右前落地，腳跟著地；同時兩掌變拳，隨轉體向下、向右弧形舉至身體右側，右拳舉於肩側，拳心向外，高與耳平，左拳舉於右肋前，拳心向下。目視右拳方向（圖140、圖141、圖142）。

2.重心移向右腿並屈弓成右弓步，右腳踏實，上體左轉；同時左拳向上、向左、向前打出至肩平，拳眼斜向上，右拳上架於右額前，拳心向外。目視左拳方向（圖143）。

【動作要點】

架打拳，兩臂微內旋，有圓撐勁。

【易犯錯誤】

上下肢不協調，腿快手慢，上下不合。糾正：擺蓮後，身體的重心不要急於過渡至右腿，先落腳轉腰擺臂，而後再移重心，弓步與兩拳架打同時完成。

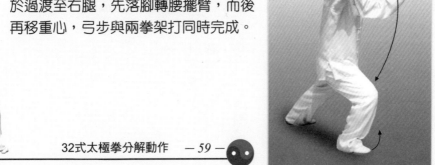

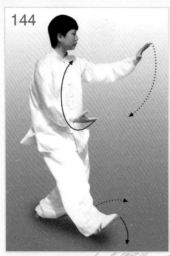

（三十）左攬雀尾

　　1.重心後移至左腿並屈膝，右腳尖翹起稍外擺，上體右轉；兩拳變掌，左掌微向左前伸展，右掌心翻向上，弧形落至右腰前。目視左掌（圖144）。

　　2.右腳踏實，重心移至右腿並屈蹲，左腳收至右腳內側；同時右掌向右、向上劃弧至右胸前，掌心翻向下，左掌向下、向右劃弧至右腹前，兩掌心相對，如抱球狀。目視右掌（圖145）。

　　3.左腳向右前上步，腳跟著地，隨即全腳踏實，屈膝前弓成左弓步；同時左前臂向左前上方掤出，高與肩平，掌心向裏，右掌向右下落按於右胯旁，掌心向下，指尖向前。目視左掌（圖146、圖147）。

4.上體微左轉；左掌翻轉，掌心向下，稍向前伸，右掌翻轉，掌心向上，經腹前向上、向前劃弧，伸至左前臂內側下方。目視左掌（圖148）。

5.上體右轉，重心後移向右腿並屈蹲；兩掌下捋，經腹前向右後上方劃弧，右掌高與肩平，掌心斜向前，左掌屈臂擺至右胸前，掌心向內。目隨視右掌（圖149）。

32式太極拳分解動作 — 61 —

6.上體左轉；右掌屈臂捲收，掌指貼近左腕內側，左臂平屈胸前，掌心向內，指尖向右。目視前方（圖150）。

7.重心前移向左腿成左弓步；兩臂向前擠出，兩臂撐圓。右掌指附於左腕內側，高與肩平。目視左前臂。（圖151）

8.右掌經左掌上伸出，同時左掌向左前伸出，兩掌分開，與肩同寬，掌心均轉向下。目視前方（圖152）。

9.上體後坐，重心移右腿並屈蹲，左腳尖上翹；兩臂屈肘，兩掌收經胸前下落至腹前，掌心向前下方。目視前方（圖153、圖154）。

10.重心前移向左腿成左弓步；兩掌平行向上、向前按出，腕與肩平，掌心向前，指尖向上，塌腕舒掌。目視前方（圖155）。

【動作要點】
參見（十三）「右攬雀尾」要點，惟左右不同。
【易犯錯誤】
與「右攬雀尾」錯誤及糾正相同，只是左右不同。

156

157

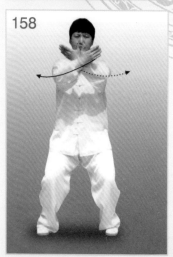

158

（三十一）十字手

1.重心右移向右腿並屈蹲，右腳尖稍外擺，上體右轉，左腿自然蹬直；右掌弧形擺至身體右側，兩掌左右平舉於身體兩側（偏前），兩肘微屈，掌心斜向前；目視右掌方向（圖156）。

2.重心移向左腿並屈蹲，右腳尖微內扣，上體微左轉；兩掌向下，向內劃弧，經腹前兩腕相交，兩掌合抱舉至胸前，右掌在外，掌心均向內；同時右腳內收，兩腳與肩同寬，兩腳腳尖向前，兩膝微屈蹲，成開立步。目視前方（圖157、圖158）。

【動作要點】

在左右轉換重心，以及成開立步十字抱掌過程中，上體始終保持正直，不可傾身突臀。

【易犯錯誤】

1.重心移向右腿時，動作斷勁不連貫；兩掌分開時，左手無外撐之意。糾正：隨身體右轉，重心移向右腿，重心尚未壓實右腳時，右腳尖外撇。保持動作平穩連貫。兩掌分開時，兩掌要沉肩展臂，兩肘外撐。

2.兩掌抱成十字手時，兩臂僵直或屈抱過緊。糾正：兩臂沉肩墜肘，屈臂外撐，兩掌心向內。

（三十二）收　勢

1.兩臂內旋向前伸舉，兩掌心翻轉向下，兩掌平行分開，與肩同寬。目視前方（圖159）。

2.兩掌慢慢下落至兩腿外側，肩臂鬆垂，上體自然正直。目視前方（圖160）。

3.左腳收至右腳內側，兩腳併攏，腳尖向前，身體自然直立，呼吸平穩均勻。目視前方（圖161）。

【動作要點】
參見「預備勢」要點。
【易犯錯誤】
兩掌先屈再下按。糾正：兩掌先分舉，再隨兩臂垂落輕輕下按，有將木頭向下按入水裏之意。

預備勢　　起　勢　　　　　　　　　　右攬雀尾

左單鞭　　　　　　　　左琵琶勢

進步搬攔捶

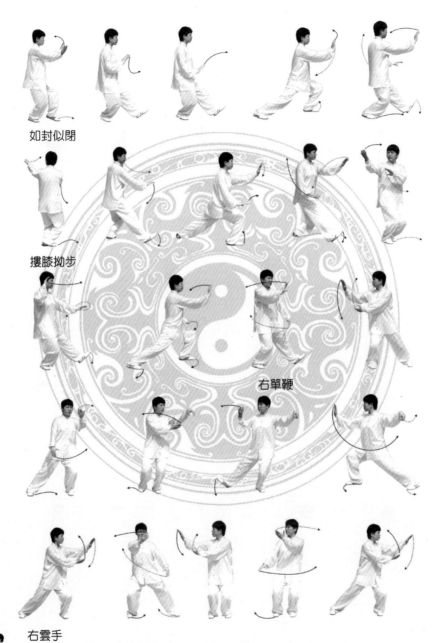

如封似閉

摟膝拗步

右單鞭

右雲手

32式太極拳分解動作　－67－

野馬分鬃

海底針

閃通臂

右攬雀尾

轉體撇身捶

挒擠勢

右拍腳

左分腳

右蹬腳

進步栽捶

右左穿梭

肘底捶

倒捲肱

右下勢

金雞獨立

左下勢

上步七星

退步跨虎

轉身擺蓮

彎弓射虎

左攬雀尾

十字手

收　勢

推理文學經典巨著，中文版正式授權

名偵探明智小五郎與怪盜的挑戰與鬥智
名偵探柯南、金田一都讚嘆不已

日本推理小說鼻祖－江戶川亂步

1894年10月21日出生於日本三重縣名張〈現在的名張市〉。本名平井太郎。
就讀於早稻田大學時就曾經閱讀許多英、美的推理小說。
畢業之後曾經任職於貿易公司，也曾經擔任舊書商、新聞記者等各種工作。
1923年4月，在『新青年』中發表「二錢銅幣」。
筆名江戶川亂步是根據推理小說的始祖艾德嘉・亞藍波而取的。
後來致力於創作許多推理小說。
1936年配合「少年俱樂部」的要求所寫的『怪盜二十面相』極受人歡迎，
陸續發表『少年偵探團』、『妖怪博士』共26集……等
適合少年、少女閱讀的作品。

1 ～ 3 集　定價300元　試閱特價189元